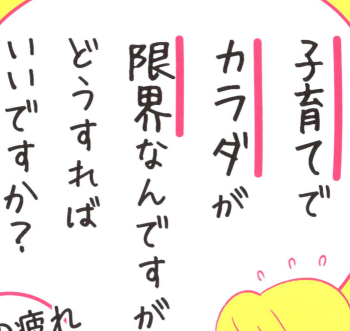

子育てで
カラダが
限界なんですが
どうすればいいですか？

育児の疲れスッキリBOOK

指圧師 斎藤充博
絵・クリハラタカシ

青月社

はじめに

こんにちは。指圧師の斎藤充博です。

いつも、さまざまなお客様を施術していますが、子育てで疲れている親御さんは、とくに多くいらっしゃいます。

子育ての疲れというと、メンタル面を想像してしまいがちです。でも子どもの抱っこやおむつの交換は、体への負担がきわめて大きい動作。当然、肉体面でも疲れてしまうのです。

あるとき、お客様からこんなことを聞かれました。

「子どもの抱っこで肩と腕が限界なんですが、どうしたらいいですか？ もっとラクな抱き方はないでしょうか……」

私には子育ての経験はありません。そのことはお客様もご存知だったのですが、体に携わる専門家として相談してくれたようです。

詳しく聞いてみると、子どもを抱っこするときに「ひじが胴体か

ら離れすぎている」ことがわかりました。

そこで私は**「抱っこするときは、なるべくひじを締めるとラクになりますよ」**とお伝えしました。

これは人間が体を動かす原則にのっとったアドバイスです。そのとき一緒に、肩や腕のセルフケア方法もお伝えしました。

後日その方から「おかげさまで、とてもラクになりました！」というお礼のメールをいただきました。その方は「疲れにくい子どもの抱き方」を、きちんと教えてもらったことがなかったそうです。

そんな治療院でのちょっとしたやりとりから、**子育てをしている方のための「疲れにくい動き」や「ケアの仕方」がもっと知られてもいいのではないか**と思うようになり、この本をつくりました。

この本によって、ひとりでも多くの方の子育ての疲労がやわらぐことを願ってやみません。

斎藤充博

contents もくじ

はじめに 2
この本のみかた 8

第1部「疲れない体の使い方」

1 抱っこするときはひじを体につける 10
2 抱き上げるときは膝を一度つく 12
3 授乳するときは高さを合わせる 14
4 添い乳をするとき、体を安定させるには 16
5 おむつ替えでは股関節を意識する 18
6 かがんで床をふくときは 20
7 床に落ちているものを拾うときは 22
8 上にあるものを取るときは 24
9 腰を曲げる動作では手をつこう 26
10 包丁を使うときの足の位置 28

contents

- 11 子どもに「イス」にされたときはかんたんに立ち上がる方法 30
- 12 子どもと目を合わせるときは膝をつく 32
- 13 ベビーカーの操縦で気をつけたいこと 34
- 14 ベビーカーでの曲がり方、段差の越え方 36
- 15 チャイルドシートに子どもを乗せるときは 38
- 16 いちばん疲れにくいバッグの種類は? 40
- 17 いちばん疲れにくい「抱っこひも」は? 42
- 18 スーパーからの帰り、重たい荷物を持つときは 44
- 19 子どもを追いかけるときに使える「走り方」 46
- 20 疲れにくい階段ののぼりおり 48
- 21 ベビーバスは洗面台に 50
- 22 お風呂に入れるときは自分が先に入る 52
- 23 コラム できるだけしないほうがいい動き 54
- 56

第2部「スキマ・かんたんケア」

1 抱っこ、おんぶ、なにをしていても肩はこる … 58
2 肩こりが一度のストレッチではおさまらないときに … 60
3 抱っこひもで肩が疲れきったとき … 62
4 ずっと下を見ていた日にビリッと効くストレッチ … 64
5 子どもを抱っこしたあと、意外なところが疲れている … 66
6 抱っこやおんぶしたまま立ち続けて背中がダルい … 68
7 子どもを持ち上げて腰痛がキツいときに … 70
8 子どもと長時間手をつないだあとに … 72
9 腰が痛くてあおむけで眠れないとき … 74
10 左右の体のバランスがヘンだと感じたら … 76
11 立ち上がる動作が多くて膝がダルいとき … 78
12 立ち続けて足が疲れきってしまった … 80
13 手首や腕の疲れが気になるときは … 82
14 飲み物の缶を使った前腕のセルフケア … 84
15 イライラしたときにほっとする温かさ … 86
コラム 重たくなっていく子ども。親が耐えられるのは？ … 88

第3部「時間があるときのケア」

1 顔のマッサージ　目がパッチリ、気分がシャキッ　90
2 お腹のマッサージ　ストレスで元気がないときに　92
3 お腹を温める　家にあるものですぐできる　94
4 目と耳を同時に温める　かんたんリラクゼーション　96
5 肩のマッサージ　家でもできるプロ並み指圧　98
6 頭のマッサージ　やさしくグリグリ　100
7 前腕のマッサージ　真っ先にやってもらうならここ　102
8 腰のマッサージ　筋肉をゆるませて効果アップ　104
9 鼠径部のマッサージ　足にも腰にも　106
10 足のマッサージ　カチカチのスネほぐし　108
コラム　マッサージの正しいやりかたは？　110

おわりに　111

この本のみかた

この本では、見開きで1つずつ、合計で48のメソッドを紹介しています。どこから読んでも大丈夫なつくりになっているので、いま疲れている場所、知りたいシチュエーションなどを探して、自由に活用してください

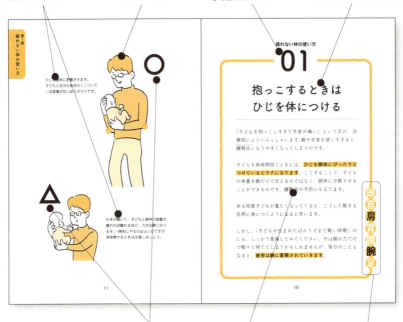

- イラストについての説明。右ページの解説と一緒に読むと効果バツグン！
- エクササイズやケアのやりかたを示すイラスト
- 第1部から第3部まで、それぞれに通し番号を振りました
- この見開きで取り上げる内容を、ひと言でまとめました
- 良い例には〇、悪い例には×、できれば改善したい例には△をつけています。（良い例のみの場合は、マークはありません）
- やりかた、効果、注意点など。要点にはマーカーが引かれています
- この見開きで行うメソッドが、体のどこに効くのか、ひと目でわかるアイコンです

(ストレッチ（57ページ〜）をするときの注意点)

Q1 ストレッチはどれくらいのペースで行えばいいですか？
→症状を感じるときなら、いつでも大丈夫です。頻度（「週に〜回」）や行う時間帯（「〜時頃に」）に、制約はありません。ただし、お風呂あがりに行うと、筋肉がやわらかくなっているので効果的です。

Q2 ストレッチの姿勢は何秒キープすればいいですか？
→10秒から20秒を目安に、無理のない範囲で、ゆっくりと伸ばしてあげてください。

Q3 ストレッチをしているとき、呼吸はどうすればいいですか？
→いつもどおりの呼吸でかまいませんが、呼吸を止めないように注意してください。

Q4 どうしても痛みがとれないのですが……
→違和感を感じたら、すぐに病院へ行きましょう。患部がはれているなど一見して異常がわかるときや、伸ばしたところがさらに痛くなった場合も同様です。

第1部 疲れない体の使い方

疲れない体の使い方
01

抱っこするときは
ひじを体につける

「子どもを抱っこしすぎて手首が痛い」という方が、治療院によくいらっしゃいます。抱っこで腕や手首を使いすぎると、腱鞘炎になりやすくなってしまうのです。

子どもを長時間抱くときには、**ひじを胴体にぴったりとつけるとラクになります**。こうすることで、子どもの体重を腕だけで支えるのではなく、胴体に分散させることができるのです。腱鞘炎の予防にもなります。

ある程度子どもが重たくなってくると、こうした動きも自然に身につくようになると思います。

しかし、「子どもが生まれたばかりでまだ軽い時期」から、しっかり意識してみてください。今は腕の力だけで軽々と持ててしまうかもしれませんが、毎日のこととなると、**疲労は腕に蓄積されていきます**。

頭 首 肩 背 腰 腕 足

第1部　疲れない体の使い方

ひじを胴体に密着させます。子どもと自分の身体のくっついている面積が広いほどラクになります。

わきが開いて、子どもと胴体の距離が離れるほど、力が必要になります。一時的ならよいのですが、長時間やるときは注意しましょう。

疲れない体の使い方

02

抱き上げるときは膝を一度つく

まず、子どものそばで一度片膝をついてしまいましょう。その次に腕で子どもを抱き上げ、子どもをぴったりと胴体に密着させてから、立ち上がります。

ちょっと手順が多く面倒なように思えるかもしれませんが、==腕や腰にかかる負担が格段に減ります==ので、ぜひ試してみてください。

逆に==絶対にやめたほうがいい==やりかたがあります。==「膝を伸ばしきったまま子どもを持ち上げる」==ことです。

これは腰にものすごく負担がかかる体勢で、一発で腰が痛くなってしまいます。「こんな姿勢をする人はいないだろう」と思われるかもしれませんが、子どもが軽いうちだと、意外にやりがちです。

頭 首 肩 背 腰 腕 足

第1部 疲れない体の使い方

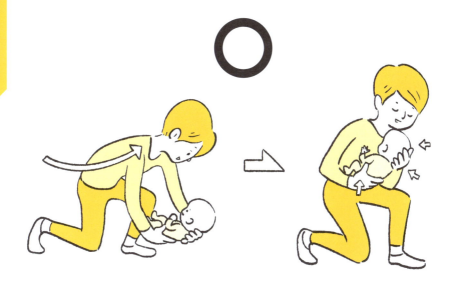

片膝をついて子どもに体を寄せます。手をセットしたら、できるだけ胴体で子どもを迎えるように抱き上げましょう。

子どもを胴体に密着させたら、下半身の力で立ち上がります。

膝をまっすぐにした状態で腰を曲げると、腰に大きな負担がかかります。ギックリ腰にもなりかねないので、やめておきましょう。

疲れない体の使い方

03

授乳するときは高さを合わせる

授乳するときは、自分の体勢を保持しながら、赤ちゃんの体勢を固定しなくてはいけません。

まず、赤ちゃんを乗せる**クッションを使いましょう**。赤ちゃんの高さを上げると、そのぶん、自分はあまり背中を曲げなくてもすむようになります。授乳専用のクッションがありますが、高さや形が合えば普通のクッションでも十分です。

さらに、**できるだけ壁や座椅子などにもたれかかり**、腰や背中を休めるようにしましょう。

座ったままで上半身を固定するのは、案外、大変なことなのです。赤ちゃんによっては授乳の時間が長くなってしまうこともあります。できるだけラクな姿勢を探っていきましょう。

頭首肩背腰腕足

第1部 疲れない体の使い方

子どもの口を胸の高さまで合わせるためには、クッションを使いましょう。
背中は壁や椅子の背もたれにつけます。

疲れない体の使い方
04

添い乳をするとき、体を安定させるには

横向きで授乳をするときには、<mark>上になっているほうの足を大きく折り曲げてみましょう</mark>。これは横向きになったときにとても安定する姿勢なのです。

大きめのクッションや丸めた座布団を膝のあたりに入れると、さらにラクになります。頭には少し高めの枕を使うともっといいですね。

いつも同じ向きで行うと左右の体のバランスがかたよってくるので、そのときどきによって<mark>左右を入れ替えながら行う</mark>とよいでしょう。

なお、横向きになったときに乳房が赤ちゃんに覆い被さるような体勢になると、赤ちゃんが息を吸えなくなって、窒息してしまうリスクがあります。リラックスできる体勢ではありますが、十分に注意しましょう。

頭 首 肩 背 腰 腕 足

第1部 疲れない体の使い方

○

横になるときは、高さがある枕を使いましょう。
上になっているほうの足を大きく折り曲げると安定します。
大きめのクッションを膝からスネのあたりに入れると、さらにラクになります。

△

足を折り曲げず、そろえている状態。
ダメではないですが、足をまっすぐにすると、安定しないため、体全体が緊張してしまいます。

疲れない体の使い方

05

おむつ替えでは股関節を意識する

正座で子どものおむつ替えをしている方は多いのではないでしょうか。

正座は非常に動きにくい体勢です。おむつを替えるときには背骨を大きく屈曲させなくてはいけません。これでは背中全体に負担がかかってしまいます。

そこでおもいきって、<mark>子どもの横側に大きく足を出してみましょう</mark>。このときに足の付け根である<mark>「股関節」を意識</mark>してみてください。股関節を使うことで、胴体を上下前後左右、好きな方向に調整することができます。

育児で一度腰を痛めてしまった方が「自然に片膝をついておむつを替えるようになった」なんて話をされていました。痛みがあると本能的に負担の少ない動きをするようになるようです。もっとも、痛みが出る前にこの姿勢をとっておくのがおすすめですよ。

頭 首 肩 背 腰 腕 足

第1部 疲れない体の使い方

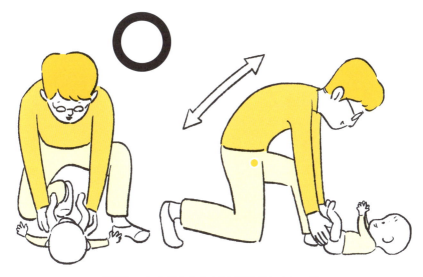

○

片膝をつき、片足を大きく前に踏み出しましょう。股関節を意識すると、前後に動きやすくなり、腰の負担が軽減されます。

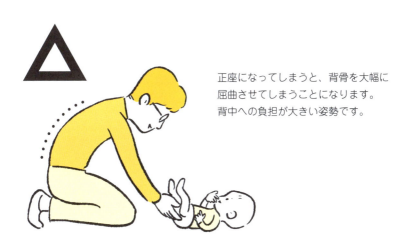

△

正座になってしまうと、背骨を大幅に屈曲させてしまうことになります。背中への負担が大きい姿勢です。

疲れない体の使い方
06

かがんで
床をふくときは

子どもは床に何かをこぼしがち。そのたびに、まわりの大人が床をふくことになってしまいます。

「床をふく」というような単純な作業にも、疲れにくいコツがあります。片膝をついて、前になっている足に体重をかける。そして、==体重をかけている側の足と逆の手で床をふきます==。これだけで股関節を自然に使うことができ、腰を痛めません。

逆に==やらないほうがよいのは、正座になって床をふくこと==です。背中全体に負担がかかり、腰を痛めやすくなってしまいます。床の上でかがんで作業をするときは、正座になるのはおすすめできません。

この体勢、前ページのおむつ替えのメソッドに似ていると思いませんか？　原理は同じです。片膝をつくのが、体の使い方としては合理的なのです。

頭 首 肩 背 腰 腕 足

第1部 疲れない体の使い方

○ 片膝をついて、体重を乗せているほうとは逆の手でふきましょう。

△ 正座をしながら腕を伸ばして床をふくと、腰から首まで負担がかかります。

疲れない体の使い方
07

床に落ちているものを拾うときは

ミニカーやブロックなどのおもちゃを間違って踏んづけると、ものすごく痛いですよね……。そこで大人が拾っておくことになるのですが、物の拾い方にもコツがあります。

それは「==取るほうと同じ側の足を半歩後ろに引いてから取る==」こと。こうすると胴体をねじらなくてすみます。腰への負担が減り、腰痛の予防になるのです。

ちなみにこのやり方は、育児や家事に限らず「==下にあるものを取るとき==」==すべてに使えます==。たとえば、ゴルフやテニスなどで地面に落ちているボールを取るときにも意識してやってみてください。

グッと楽になるので、一度身につくと、今までの拾い方には戻れないでしょう。

頭 首 肩 背 腰 腕 足

取るほうと同じ側の足を、半歩後ろに引きます。

取るほうと同じ側の足を前に出しがちですが、
これでは腰に負担がかかってしまいます。

疲れない体の使い方
08

上にあるものを
取るときは

ひとつ前の項目では「床に落ちているものを拾うとき」の解説をしました。今度は「自分の上にあるものを取るとき」のコツです。

それは、<mark>取るほうの手と同じ側に体重をかける</mark>ことです。そうすると、取ろうとしている側の胴体が全体的に伸び、反対側は自然に縮むようになります。体の片側すべてを使って伸びをするような格好になり、<mark>腰への負担が格段に減る</mark>のです。

この動作は、一度逆のことをやってみるとわかりやすいでしょう。取ろうとしている側と逆の足に体重をかけて、手を上にあげてみてください。なんだか腰から背中全体にロックがかかったような、不自然な感じになりませんか？　このままさらに高いところに手を上げ続けようとすると、腰を痛めてしまいます。

頭 首 肩 背 腰 腕 足

第1部 疲れない体の使い方

取るほうの手と同じ側に体重をかけると、取るほうの胴体の側面が自然に伸びていきます。このとき、胴体の逆側は縮みます。

疲れない体の使い方

09

腰を曲げる動作では手をつこう

腰を曲げたまま手で作業をすると、腰にたいへんな負担がかかります。そのせいで腰痛になってしまうこともありえます。

でも、テーブルをふくときや、テーブルの先にいる子どもになにかを渡すときなど、そうした動きが必要な場面って意外に多いですよね。

そんなときのために覚えておいてほしいのが==「前に手をつく」==こと。少しの動作ですが、これだけで==腰の負担は大きく減ります==。

実際に手をついてみると、上半身の重みが腕にずっしりと伝わってくるのがわかると思います。もしも手をつかなかったら、腰がこの重みを全部支えていたのです。……ちょっとゾッとしませんか。

頭 首 肩 背 **腰** 腕 足

第1部 疲れない体の使い方

腰を曲げてテーブルをふくときには、もう片方の手をテーブルにつけるとラクです。

テーブルの対面にいる子どもになにかを渡すときも、手をついてみましょう。

疲れない体の使い方

10

包丁を使うときの足の位置

包丁を使うときの足の位置にも、おすすめのやり方があります。それは「包丁を持っている手と逆側の足に体重をかけ、同じ側の足は半歩ほど後ろに引く」こと。こうすると、包丁に自分の重みが加わって、格段に食材が切りやすくなります。

この動きは料理の世界でも基本です。プロの料理人も、みんなこのようにして包丁を使っています。お寿司屋さんのカウンターなど、包丁さばきを間近で見られる機会があったら、観察してみてください。

この動きは、22ページで紹介した「床に落ちているものを拾うとき」と原理はまったく同じ。「下にあるものに手を伸ばすときは、逆の足に体重をかける」と覚えておきましょう。

頭 首 肩 背 腰 腕 足

第1部 疲れない体の使い方

包丁を持っているほうの手と同じ側の足を、半歩ほど後ろに引きます。

疲れない体の使い方

11

子どもに「イス」に されたときは

床に座ってくつろいでいると、小さな子どもが寄ってきて、ひざの上に座ってくること、ありませんか。

仲が良くてほほえましい光景ですが、いわば子どもに「イス」にされている状態です。座られているほうは、背中の筋肉で、自分の上半身と子どもの上半身の重みを支えなくてはいけません。

こんなときは、==座ったままズルズルと移動==していきましょう。壁などの背もたれのある場所まで行って、==背中をつけてしまう==のです。ぐっと背中の負担が減ります。もちろんソファーや座椅子などを利用してもかまいません。

子どもに甘えられるのって、うれしいですよね。でも、そんな楽しいときこそ、自分の疲労感をちゃんと計算しておきたいものです。

頭 首 肩 背 腰 腕 足

第1部 疲れない体の使い方

○

自分も壁のあるところまで移動して、背中をつけてしまいましょう。
もちろん、背もたれのある座椅子などでもいいです。

△

長時間、自分の筋肉だけで上半身を支えるのは、案外大変です。

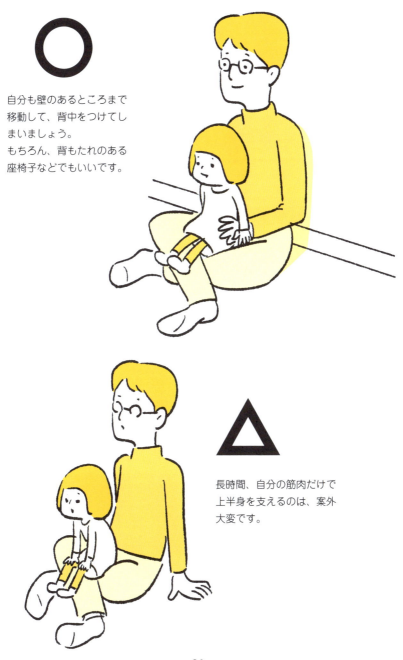

疲れない体の使い方

12

かんたんに
立ち上がる方法

子どもがいる家庭では、床での生活が中心になりがち。そうすると多くなってくるのが「床からの立ち上がり」の動作です。なんてことのない動きですが、繰り返していると膝などが痛くなってしまいます。

じつは、体の仕組みを使って、**ものすごくかんたんに立ち上がる方法**があります。それは、**立ち上がる前に一度大きく「おじぎ」をする**こと。

頭の重みにより、体の重心が前方に移動します。自然にお尻が浮き上がるので、あとはそのまま前に進むと、無理なく立ち上がることができます。

床だけではなくて、イスに座っている状態からも、子どもを抱っこしながらでもできます。感覚をつかんだら、いろいろと応用してみてください。

頭 首 肩 背 腰 腕 足

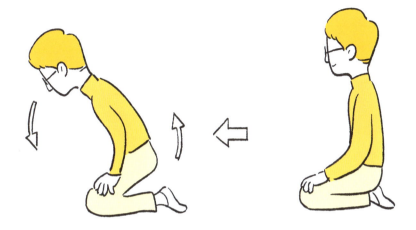

床に座っている状態から立ち上がるときは、一度正座になって、頭を大きく下げてみましょう。
自動的にお尻が浮き上がり、かんたんに立てるようになります。
イスに座っているときも、同じようにできます。

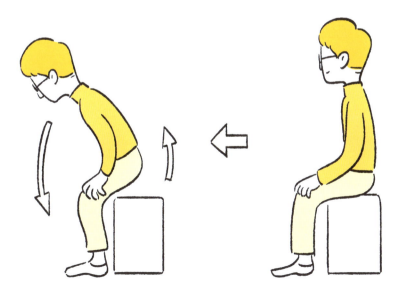

疲れない体の使い方

13

子どもと目を合わせる ときは膝をつく

子どもの表情を見る。子どもに自分の表情を見せる。子育てをしている人は、一日に何度も子どもと目を合わせることでしょう。

ところが、子どもの顔の位置は大人よりもずっと低いので、正面で目を合わせるにはこちらの頭の位置をぐっと下げなくてはいけません。このときに腰から背中を曲げて頭の位置を低くしようとすると、==背中に大きく負担がかかります==。腰痛の原因にもなってしまいます。

子どもと目を合わせるときは、おもいきって片膝をついてみてください。

これなら背筋も伸ばしやすいので、背中の負担が軽減されます。片膝をついていると、そこから==立ち上がるのもスムーズ==です。

頭 首 肩 背 腰 腕 足

第1部 疲れない体の使い方

膝をついてしまうと、腰を曲げずにすむのでラクです。
片膝を立てておけば、とっさのときにもすぐに動けます。

両足でしゃがんだままだと、腰に負担がかかります。
さらに、とっさに動くことができず、すべてがおっくうに……

疲れない体の使い方

14

ベビーカーの操縦で気をつけたいこと

都会のアスファルトの上は意外にデコボコしています。さらに月齢の低い赤ちゃんは体重が軽いので、ベビーカーが安定しません。そのうえ、道路には微妙な傾斜がそこかしこに存在しています。これに車輪をとられると、ベビーカーも操作しにくいものです。

ベビーカーを押すときは、==持ち手をリラックスさせ、ひじを胴体に軽くつける==といいでしょう。このときに意識をベビーカーに集中しすぎず、前方を見ておくと、安定してまっすぐに走行できるようになります。

なお、疲れているときでも、あまり==前傾姿勢にならないように注意==してください。ベビーカーの制御がかなりしづらくなり、かえって疲れが増してしまいます。

頭首肩背腰腕足

第1部 疲れない体の使い方

手はリラックスさせ、ひじを胴体に軽くつけます。
前方を見て、後ろから腰のあたりを押されているような感覚で進むとラクです。

ベビーカーに意識を集中しすぎると前傾姿勢になってしまい、疲れてしまいます。
ひじが伸びるとベビーカーが制御しづらくなります。

疲れない体の使い方

15

ベビーカーでの曲がり方、段差の越え方

引き続き、ベビーカーの操縦方法です。

ベビーカーで曲がるときには、==曲がるほうのわきを締める==ような意識で行ってみてください。小回りがききやすくなり、回転半径が小さくなります。このときに「曲がろう」という意識が強くなるとひじが伸びてしまうので、注意してください。

ベビーカーで==段差を上がるときには、両方の持ち手を自分のおへそに引きつける==ような感覚で。このときに片足を少し下げると、ベビーカーの前のタイヤが上がりやすくなります。

この2つのコツは、ベビーカーに子ども以外の荷物を積んで重たくなってしまっているときに、とくに役立ちます。

第1部 疲れない体の使い方

曲がるときは、曲がるほうのわきを縮めるような意識で行うといいでしょう。回転半径が小さくなり、小回りがききます。

曲がることを意識しすぎると、ひじが伸びてしまい、ベビーカーを制御しにくくなってしまいます。

ベビーカーで段差を越えるときは、持ち手をおへそのほうに引きつけ、足を半歩下げると、上げやすくなります。

疲れない体の使い方

16

チャイルドシートに子どもを乗せるときは

治療院のお客さんからこんな相談がありました。
「子どもを車に乗せるときに、腰が痛くなってしまうんです」
詳しく話を聞いてみると、ちょっと高さがある車のチャイルドシートに、腕と手先だけを使って子どもを乗せている様子。たしかに腰を痛めそうな体勢ですね。

こんなときは、おもいきって==車の中に片足を踏み入れて==みてください。足のスタンスを大きくとることによって体が安定し、腰の負担が大きく減ります。また、自然と胴体と手の距離が近づくので、==腕も肩も疲れにくく==なります。

ほんの一瞬のことなので、この動作を入れるのが面倒だと思えるかもしれません。しかし、ひと工夫するだけで体はずっとラクになります。

頭 首 肩 背 腰 腕 足

第1部 疲れない体の使い方

チャイルドシートに子どもを
乗せるときは、足を車の中に
一歩踏み入れましょう。
おもいきって足のスタンスを
広めにしてみるとラクです。

子どもが胴体から離れれば離
れるほど、持っているほうは
大変になってしまいます。

疲れない体の使い方
17

いちばん疲れにくい
バッグの種類は？

おむつ、おしりふき、タオル、水筒などなど……。子どもと一緒にお出かけするときは、どうしても荷物が多くなってしまいますよね。

「**持ち物は、体に密着しているほど疲れにくい**」という原則があります。そのため、**いちばん疲れにくいのはリュック**です。背中全体に重さを分散させることができるからです。

次に疲れにくいのは、肩掛けする「ショルダーバッグ」。ベルトを短めに設定して腰のあたりにつくようにすると、より疲れにくくなります。

「手持ちのバッグ」は手で持つしかないので、ちょっと疲れやすいですね。そのぶん、荷物の出し入れはしやすくなるのですが……。持ち手のコツ（46ページ）を利用して、少しでもラクに持ち歩くようにしましょう。

頭首肩背腰腕足

第1部 疲れない体の使い方

1

胴体にピッタリついていて左右対称な「リュック」が、いちばんラクです。
その次にラクなのが「ショルダーバッグ」。腰にピッタリつけて、ときどき左右を入れ替えるとよいでしょう。

2

3

手持ちのバッグは、上の2つにくらべるとやや疲れやすいといえます。
荷物の量が多いときは避けましょう。

疲れない体の使い方

18

いちばん疲れにくい「抱っこひも」は？

抱っこひもは==「ひもと胴体の接する面積」が広ければ広いほどラクになります==。体の各所に子どもの重さが分散されるためです。そのため、==いちばんラクなのは肩と腰のベルトで支えるタイプ==です。

スリングタイプは肩に赤ちゃんの重みが集中してしまいます。ただし、ひも自体が軽く、小さく折りたたむことができます。手軽に持ち運びがしやすいので、サブの抱っこひもとして持っておくといいでしょう。

そしてもちろん、「抱っこひもなし」がいちばん大変なのはいうまでもありません。

誰もがやることではありますが、赤ちゃんをずっと抱っこしているのは重労働ですよね。できるだけ道具を使って、夫婦で交代しながらこなしていきたいものです。

頭首肩背腰腕足

第1部 疲れない体の使い方

スリングタイプの横向き抱っこひもは、首のすわっていない子どもにも使えて便利ですが、片方の肩に重みが集中してしまいます。

首がすわるようになったら、キャリー型を使って負担を減らしましょう。ヒップシートがついていて、肩と腰のベルトができるだけ太いものを選ぶと、よりラクになります。

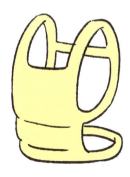

疲れない体の使い方

19

スーパーからの帰り、重たい荷物を持つときは

おむつや粉ミルク、おしりふき。子どもがいると、かさばる買い物が増えてきます。ここでは、スーパーで買ったものを、できるだけラクに持てるようにする方法をご紹介します。

買った物を入れたビニール袋を2つ用意して、==左右両方の手で1つずつ==持ちましょう。左右のバランスがとれて、片側だけで重いものを持つよりも、ずっと歩きやすくなります。

そして、袋を持っている==手の甲が前にくるように==、ちょっと手首を返します。こうすると腕全体が上のほうに引き締まり、荷物を楽に持ち上げられるようになるのです。

イラストでは赤ちゃんを前で抱っこしていますが、おんぶしているときや、ひとりで歩いているときでも、同じようにこのコツは使えます。

頭 首 肩 背 腰 腕 足

第1部 疲れない体の使い方

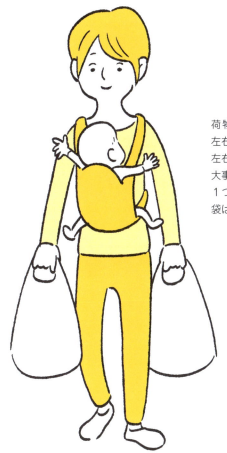

荷物を持つときは2つに分けて、左右の手で持つようにしましょう。左右で重さのバランスを取ることが大事です。
1つにまとめられるような量でも、袋は2つにするのがおすすめです。

袋を持っている手は、内側に半回転させましょう(親指が胴体の脇を通るようにする)。
腕の筋肉が引き締まって、荷物を引き上げる力が強くなります。

疲れない体の使い方

20

子どもを追いかける ときにに使える「走り方」

子どもというのは、本当に突発的に走りだすもの。これが公園や運動場のような広くて安全な場所ならかまわないのですが、そこが駐車場だったり、道路につながる場所だったりしたら……。想像するだけでもヒヤヒヤしますね。

大人は声を出して注意すると同時に、子どもを追いかけて止めることになります。そのときに、==軽く背中を丸めて前傾姿勢になり、頭の重みを生かして走り出してみてください==。スピードスケートの選手のようなイメージです。

この走り方は、私が昔、古武術(こぶじゅつ)の修行をしていたときに教えてもらったものです。==最初からトップスピードで走れる==うえに、小回りもききます。元気な子どもにもすぐに追いつくことができるでしょう。

頭 首 肩 背 腰 腕 足

背中を軽く丸め、前傾姿勢にします。
手は振らずに、胴体の前のほうにぶら下げる感じにします。
頭の重みにより重心が前に行くのに合わせて、自然に足がついていき、速く走れるようになります。

↑
重心のイメージ

疲れない体の使い方

21

疲れにくい
階段ののぼりおり

疲れているときの階段ってなかなか大変ですよね。

階段をのぼるにはコツがあります。骨盤を後ろに傾けるようにして、==頭から背中まで軽く丸める==のです。そのまま==やや前傾姿勢になり、頭の重みを使って==前上方に進んでいきます。このときに足は軽くついてくるだけです。慣れてくると、まるで「坂道をくだるように」階段をのぼることも可能です。

くだるときもほぼ同じ。こちらのほうが階段をのぼるよりもかんたんにできると思います。ただし、勢いがつきやすいので注意してください。

ひとりのときもできますし、イラストのように子どもをおんぶした状態でも可能です。ただし、子どもを前で抱っこしているときは背中を丸めにくいので、やらないほうがいいでしょう。

頭 首 肩 背 腰 腕 足

第1部 疲れない体の使い方

頭から背中まで軽く丸め、肩と腕を前方向にダランとさせると、頭の重みで先導され、自然に進んでいきます。

頭から背中まで軽く丸めます。
上半身の重みを使って下り、足は後からついてくるようにしましょう。
肩と腕は前方向にダランとさせます。
勢いがつくので、滑らないように注意。

疲れない体の使い方

22

ベビーバスは洗面台に

赤ちゃんがまだ小さいうちは、沐浴(もくよく)にベビーバスを使うことになります。このベビーバスを浴室の床などに置くと、赤ちゃんをバスから出し入れしたり、洗ったりするのが大変です。

そこで、==ベビーバスを高い位置に設置==してみましょう。==家庭のシンクや洗面台などであれば、お世話するほうも腰が痛くなりません==。

シンクや洗面台に設置するようにつくられた、ちょっと小さめのベビーバスが実際に売られています。こういったものを使用するといいでしょう。

もちろん、シンクや洗面台のまわりから、危ないものをよけておくことも重要です。ナイフやシェーバー、ガラスのような割れやすいものなどは、日常にとけこんでいるだけに見落としがちです。気をつけましょう。

頭首肩背腰腕足

第1部 疲れない体の使い方

ベビーバスを少し高いところで使うと、腰を曲げずにすみます。
ウェブで「ベビーバス　洗面台」などと検索してみてください。洗面台にちょうど収まるサイズのベビーバスがヒットします。

疲れない体の使い方

23

お風呂に入れるときは自分が先に入る

一日の疲れを癒やすためのお風呂。しかし、子どもと一緒に入るとなると、途端に「余計に疲れる時間」になってしまうのではないでしょうか。お風呂に入れる動作にも、腰の負担を減らすコツがあります。

子どもをお風呂に入れるときは、自分が先に浴槽に入ってから、浴槽の外にいる子どもを抱き上げましょう。こうすれば、腰をかがめている時間が短くてすみます。

逆に自分が浴槽の外にいるときに、子どもを抱き上げて浴槽の中に入れようとすると、大きく腰をかがめなくてはならず、大変です。

この本をつくるために、何人もの子どもを持つ方に取材をしたのですが、「お風呂」の疲労度はトップクラスのようですね……。小さなコツですが、役立てていただければと思います。

頭首肩背腰腕足

第1部 疲れない体の使い方

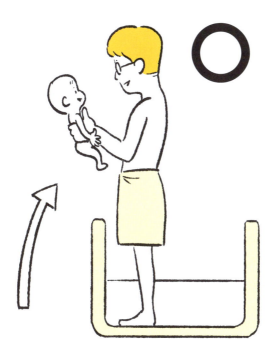

先に自分が浴槽に入り、そのあとに子どもを抱えて入れてあげるとラクです。
先に子どもを抱いて入れようとすると、体幹から重たいものが離れることになり、体にとっては大変な負担になります。
なにより、先に子どもを浴槽に入れること自体が、安全な行為とはいえません。事故を防ぐ意味でも、やめておきましょう。

コラム

できるだけ
しないほうがいい動き

第1部では「疲れてしまいがちな動き」に対して「疲れにくい動き」を提案させていただきました。ところが、場合によってはどうしても「疲れにくい動き」ができないものもあります。こうした動きはできるだけしないほうがいいでしょう。

①子ども向けの物に乗って遊ぶ
三輪車、子どもが乗るおもちゃの車、子ども向けのイスなど。子どもと一緒に遊んでいるときに、ついふざけて親も乗ってしまうことはありませんか。楽しい時間かもしれませんが、やはり無理のある体勢です。後から強烈に腰と背中にきます。

②ロータイプのベビーベッドでおむつ替えをする
ベビーベッドには「ハイタイプ」と「ロータイプ」があります。それぞれ一長一短あるのですが、「ロータイプ」でのおむつ替えはやめておきましょう。腰が大きく屈曲することになり、かなり負担がかかる体勢での作業になってしまいます。

③ベビーゲートをまたいで越える
赤ちゃんが危険な場所に行かないようにする「ベビーゲート」。大人が通れるように扉がついていますが、ついつい足を上げて越えようとしてしまいがちです。しかし、足を中途半端に振り上げることになってしまい、体に無理のある体勢になってしまいます。面倒ですが、扉を開け閉めして通ることをおすすめします。

第2部 スキマ・かんたんケア

スキマ・かんたんケア
01

抱っこ、おんぶ、なにをしていても肩はこる

子育てをしていていちばんに感じるのは「肩こり」なんじゃないでしょうか。抱っこで疲れてしまいますし、おんぶでも疲れる。精神的に疲れていても、肩はこる。実際に治療院に来る方は判で押したように「子育てで肩がこって……」とおっしゃいます。

さて、じつは==肩こりで疲れているのは「肩」というよりも「首」==なんです。試しに触ってみてください。首も、固くなっていませんでしょうか？

このストレッチで伸ばしているのは、肩から首にかけて走っている筋肉の「僧帽筋（そうぼうきん）」。これは、肩こりの原因ナンバーワンの筋肉と言ってもいいでしょう。

==「肩がこったかな？」と思ったら、まっさきに試してほしいストレッチ==。子どもがいない僕も、毎日やっているストレッチです。

頭 首 肩 背 腰 腕 足

第2部 スキマ・かんたんケア

頭の後ろで手を組んで、
そのままひじを下ろします。

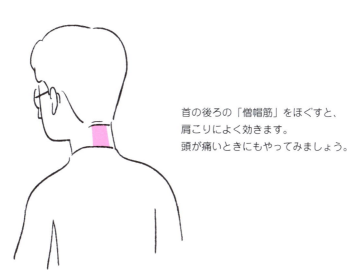

首の後ろの「僧帽筋」をほぐすと、
肩こりによく効きます。
頭が痛いときにもやってみましょう。

スキマ・かんたんケア
02

肩こりが一度のストレッチではおさまらないときに

前のページで「疲れているのは肩というよりも首」と書きました。もうひとつ、肩こり解消のための首のストレッチです。

このストレッチで伸ばしているのは「肩甲挙筋(けんこうきょきん)」。肩甲骨(けんこうこつ)の内側から耳の下あたりまで伸びている筋肉です。これが**肩こりの原因ナンバーツー**という印象です。

この筋肉は、頭を真横に倒すことができるのが特徴です。

子どもと目を合わせて、ニコッとしながら小首をかしげるような動作、たまにやりませんか？ 何度もやると、この筋肉がとても疲れて、肩こりの原因になります。

頭 首 肩 背 腰 腕 足

耳のすこし上を持って、
そのままゆっくり真横に倒します。
逆の手をお尻の下に入れると、
さらによく伸びます。

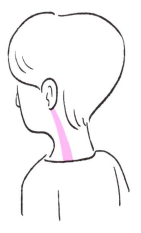

耳の下から肩甲骨の内側まで伸びている
「肩甲挙筋」を伸ばします。
ここもほとんどの人がカチコチです。

スキマ・かんたんケア

03

抱っこひもで
肩が疲れきったとき

肩こりの原因ナンバーワンの筋肉、僧帽筋をゆるめるセルフケアです。

筋肉には「最大限に緊張した直後に、最大限にリラックスする」という法則があります。その法則を利用して一気に肩をリラックスさせています。何度かやったあとに大きくため息をついてみてください。疲れが一気に抜けていきます。

「抱っこひもが肩に食い込んで疲れてしまったとき」のように、**肩をずっと同じ場所で固めていた後にやるのがオススメ**です。

ほんの数秒で、**立っていても座っていてもできる**セルフケアです。試してみてください。

第2部 スキマ・かんたんケア

肩をまっすぐ上に上げます。
それと同時に、
小指が体の前にくるように、
腕全体をねじります。

頂点まで肩を上げたら、
一気に落とします。
このとき、ため息もつきましょう。
2〜3回やってみてください。

スキマ・かんたんケア
04

ずっと下を見ていた日に ビリッと効くストレッチ

「胸鎖乳突筋」を伸ばしています。首の前、気道の横に２本の筋のように走っている筋肉です。==この筋肉は頭を下に向けるときに使われます==。

「子どもの話を聞いてウンウンとうなずくとき」にも、この筋肉は働きます。子どもの話に相づちを打つのって、疲れませんか……？　あれは精神的な疲れだけではなくて、筋肉も疲れているんです。

他にも「下を向いて子どもを見守っているとき」にも働きます。子育てをしている方は意外と使う筋肉ですね。

==ほとんどの人が「ストレッチしよう」と思ったことのない筋肉==だと思います。初めてだと、ちょっとビリッと刺激が強いかもしれません。ゆっくりと、慎重にやってみてください。

頭 首 肩 背 腰 腕 足

第2部 スキマ・かんたんケア

両手を重ねて鎖骨をおさえます。
顔は斜め45度を向いて、
あごを上に向けます。

伸ばしたいのは、首の前にある2本の細長い「胸鎖乳突筋」です。疲れを感じにくい筋肉ですが、実際はとても疲れています。

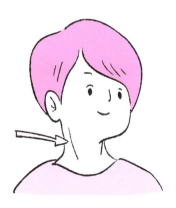

やせている人だととても目立ちます

スキマ・かんたんケア

05

子どもを抱っこしたあと、意外なところが疲れている

「小胸筋（しょうきょうきん）」という、胸から肩甲骨にかけて走っている筋肉を伸ばしています。==この筋肉の働きは「二の腕を胴体の前側に寄せること」==です。ちょっとイメージしにくいかもしれませんね。

例えば、「子どもを抱っこしているとき」。二の腕は自分の胴体の前側で固定されていますよね。このときに小胸筋は働いています。

他にも「子どものおむつを替えるとき」、パソコンのキーボードを打つとき、スマホを目の前に持ってくるときにも働きます。==現代社会では意外と出番が多い筋肉==です。

この筋肉も普段意識することが少ないので、ストレッチすると刺激が強いでしょう。慣れてくると気持ちが良くなるのですが、初めてだとビックリするかもしれません。

頭 首 肩 背 腰 腕 足

第2部 スキマ・かんたんケア

手を斜め45度上げ、壁に固定します。
そのまま、上げているほうと同じ側の足を半歩前に出します。

伸ばしたいのは、肩の前面から胸についている筋肉「小胸筋」です。

スキマ・かんたんケア

06

抱っこやおんぶしたまま立ち続けて背中がダルい

「脊柱起立筋（せきちゅうきりつきん）」という、背骨の両脇についている筋肉を伸ばしています。背骨をまっすぐに支えて固定する働きをしている筋肉です。

この筋肉は上半身が起きているとき、常に働いています。とくに負担が大きいのは「子どもを抱っこやおんぶしたまま立っているとき」です。

==抱っこやおんぶをしているときの背中の疲労は、ひもやベルトを使っても軽くはなりません。== ひもやベルトは、肩にかかる重さを背中や腰に分散させているのです。背中の筋肉は肩よりも強いので、合理的なことではあるのですが……。

==このストレッチのコツは、手でお尻を固定してなるべく大きくねじること==。横になってできるので、寝る前の5分間、ぜひ試してみてください。

頭　首　肩　背　腰　腕　足

第2部 スキマ・かんたんケア

あおむけになって下半身を大きくねじります。お尻の上のほうを手で持って押さえると、さらに強くねじることができます。

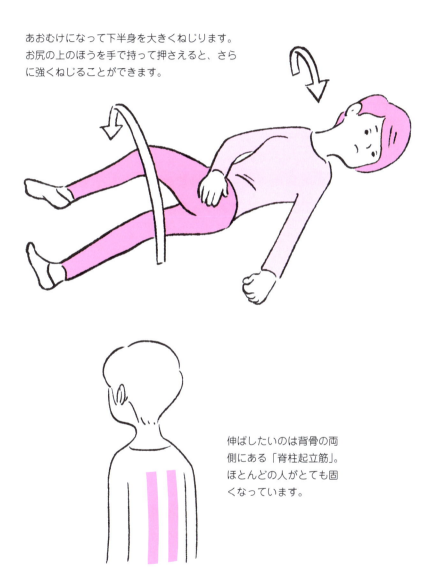

伸ばしたいのは背骨の両側にある「脊柱起立筋」。ほとんどの人がとても固くなっています。

スキマ・かんたんケア

07

子どもを持ち上げて腰痛がキツいときに

腰痛がキツいときに、腰まわりの筋肉をやさしくやわらげるストレッチです。腰を大きく丸めるのですが、そのほうが腰の筋肉は伸びるのです。マル（○）って、外側にいくほど円周は長くなっていますよね。

==立ったときに腰が力（りき）んでいると、腰痛になる危険が大きくなってしまいます==。子どもを持ち上げる瞬間や、中腰（ちゅうごし）になって遠くにあるものを取ろうとする瞬間に、つい力んでしまっていませんでしょうか。

ちなみに、10ページや20ページ、54ページで紹介している方法は、すべて背中や腰が力まないようにするコツです。あわせて参考にしてみてください。

==ストレッチのコツは完全に脱力してしまうこと==です。腰だけでなく、首も肩も全部力を抜いてください。気持ちよくなって、だんだん眠たくなってきてしまうでしょう。

頭 首 肩 背 腰 腕 足

第2部 スキマ・かんたんケア

ダラ〜ン

丸めた毛布を膝の上に置いて、そのままもたれかかります。首の力を抜いてダラ〜ンとするのがポイント。

立った状態でもできます。毛布は使わずに、ダラ〜ンと頭から腰まで倒します。膝は軽く曲げて、かかとに体重をかけます。

スキマ・かんたんケア
08

子どもと長時間
手をつないだあとに

「腰方形筋（ようほうけいきん）」という、腰の左右両側についている筋肉を伸ばしています。この筋肉は「背骨を横から支える」働きをしたり、「胴体を横に傾かせる」働きをします。

子育てで使われる場面は「背の低い子どもと手をつなぐ」ときです。子どもの身長に合わせて、胴体が横にほんのり傾きますよね。なんてことのない動きですが、長い時間やっていると確実に疲労してきます。

また、**腰の痛みに左右差があるとき**は、この筋肉が固くなってしまっていることをうたがってもいいでしょう。

ストレッチのコツは、お尻をしっかりと座面につけておくこと。固くなっていることが多いので、少々伸びにくいかもしれませんが、ゆっくり、じんわりと伸ばしてください。

頭 首 肩 背 腰 腕 足

第2部 スキマ・かんたんケア

伸ばす側の手を、頭の上を通って反対側まで伸ばします。
伸ばす側のお尻は座面にピッタリつけます。

伸ばさないほうの手は座面につけておき、安定させます。

スキマ・かんたんケア

09

腰が痛くて
あおむけで眠れないとき

子育てをしていると、睡眠不足になりがち。腰痛があると、さらに眠りにくくなってしまいます。きっとあおむけになるのもつらいでしょう。

そんなときは、横向きになりましょう。腰の痛みに左右差があったら、より痛いほうを上にします。左右差がない場合は好きなほうを向いてかまいません。**無理のない程度に体を丸めてゆきます。腰が適度に伸びて、リラックスできる**はずです。

気楽に数分間やってみてください。気持ちよくなってきたら、そのまま眠ってしまってもいいです。

もしも、なんとなくこの体勢を続けているのがつらくなってきたら、一度あおむけになってみましょう。たぶん最初よりも、ずっとリラックスできていると思います。

頭 首 肩 背 腰 腕 足

第2部 スキマ・かんたんケア

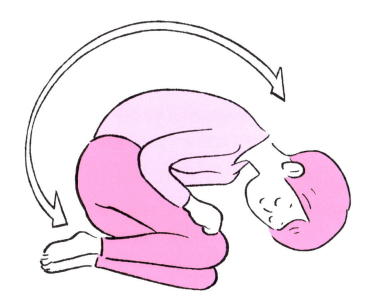

布団の上で、できるだけ丸くなってゆっくり休みます。
3分くらいやって、もう一度あおむけになってみましょう。さっきよりも寝やすくなっていると思います。
リラックスできる姿勢なので、丸くなったまま寝てしまっても大丈夫です。

スキマ・かんたんケア

10

左右の体のバランスが ヘンだと感じたら

体側（たいそく）をおもいきり伸ばして、左右の体のバランスを修正するストレッチです。伸ばしているのは、「腰方形筋」や「脊柱起立筋」という背骨を安定させる筋肉です。

抱っこするとき、子どもと手をつなぐとき、重い物を持つとき……。体の片側だけを使っていると、左右のバランスはどんどん崩れていってしまいます。利き手じゃないほうも積極的に使っていきましょう。

人間にはクセがあるので、必ず左右差が出てくるのは仕方のないことです。それでも、**痛みが出るまで放っておかないようにするのがポイント**です。

寝る前には 72 ページのストレッチもあわせて行うのがオススメです。

頭 首 肩 背 腰 腕 足

第2部 スキマ・かんたんケア

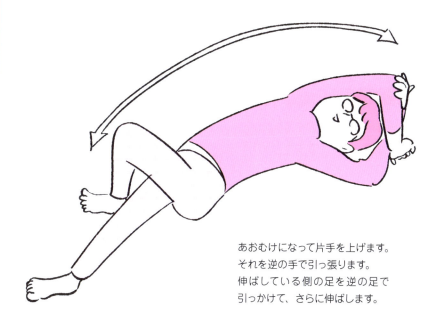

あおむけになって片手を上げます。
それを逆の手で引っ張ります。
伸ばしている側の足を逆の足で
引っかけて、さらに伸ばします。

スキマ・かんたんケア

11

立ち上がる動作が多くて膝がダルいとき

「大腿四頭筋(だいたいしとうきん)」という筋肉を伸ばしています。太ももの前を走っていて、膝をまっすぐにする働きがあります。立ち上がるときや、スクワットで使われます。

子育てだと「**赤ちゃんを抱えて上下に揺すってあやすとき**」に使っています。あれを何度もやったあとに膝がガクガクになるのは、この筋肉が疲労するからです。

他にも「床で子どもの世話をしてから立ち上がるとき」にもこの筋肉が働いています。

体育の準備運動でもこの部分をストレッチしたかもしれませんね。

立ってやるのもいいですが、横になってやったほうが伸ばしやすいです。土踏(つちふ)まずのあたりをつかむのがコツです。

頭 首 肩 背 腰 腕 足

第2部 スキマ・かんたんケア

横向きに寝ます。
上になっているほうの足を
つかんで引っ張ります。

スキマ・かんたんケア

12

立ち続けて
足が疲れきってしまった

「大腿筋膜張筋(だいたいきんまくちょうきん)」という筋肉を伸ばしています。太ももの横を走っていて、膝や骨盤がねじれないようにする働きがあります。立っている姿勢をキチンと維持するときに使われる筋肉です。

「公園で子どもの遊んでいるところを立ったまま何時間も見ている」とか「子どもを抱きかかえたまま座れないでずっと立っている」とか、そんなときに働いています。なんというか、==ジワジワとつらい状況のときにがんばる筋肉==ですね……。座りさえすれば休まるのですが。

一日中立っていると、この筋肉はパンパンに張ってしまいます。普段意識しない筋肉なので、固く縮こまってしまっている人も多いです。

==放っておくと膝が痛くなることもあります==。ときどきケアをしてあげてください。

頭 首 肩 背 腰 腕 足

第2部 スキマ・かんたんケア

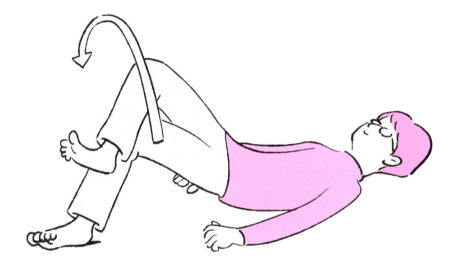

あおむけになって、伸ばしたいほうの足を軽く曲げます。
膝の少し上に、伸ばさないほうの足を引っかけます。
伸ばさないほうの足でゆっくりと膝を床のほうに動かします。

スキマ・かんたんケア

13

手首や腕の疲れが気になるときは

伸ばしているのは腕の内側の筋肉です。ひじや手首を曲げるときに働きます。

この筋肉は「子どもを抱きかかえるとき」にも使われるので、毎日のように大きな負担がかかってしまっています。それなのに<mark>強い筋肉ではない</mark>のです。たしかに、ひじから先が太くなっている人って、あまり見ませんよね。

またそれ以外にも「おむつを替える」や「手をつないでいる子どもの腕を引っ張る」、「重い荷物を持つ」など、腕に力がかかってしまうことはとても多いです。

腕を使いすぎていると、あっという間に痛くなったり、腱鞘炎になったりしてしまいます。<mark>子育て中には、腱鞘炎になってしまう方が本当に多い</mark>です。

痛くなる前から、できるかぎりケアをしてください。

頭 首 肩 背 腰 **腕** 足

第2部 スキマ・かんたんケア

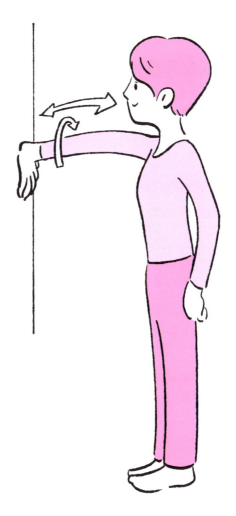

指を下にして壁につけます。
そのまま壁のほうにもたれかかればOK。

スキマ・かんたんケア

14

飲み物の缶を使った前腕のセルフケア

マッサージするのは「腕橈骨筋（わんとうこつきん）」という筋肉。ひじを曲げて固定する筋肉です。日常動作でいうと、ビールジョッキを持ち上げるときに使っています。

子育てだと「子どもを抱きかかえて固定するとき」に働きます。抱っこひもがないときは、ちょうどこのあたりに子どものお尻を乗せることになるでしょう。

使うのは自販機などで売っている飲み物の缶です。できれば温かいものがいいですね。ただ例外があって、痛みが出始めたばかりのときは冷たいものがいいでしょう。

子育てをしている方はたいてい、ここが疲労しているので、刺激がかなり強いと思います。強く押し当てると筋肉を痛めてしまうので、**そうっと力を抜いて当ててください**。それでも十分にマッサージ効果が感じられると思います。

頭 首 肩 背 腰 腕 足

第2部 スキマ・かんたんケア

腕のひじから先をテーブルに乗せます。そのときに親指が上になるようにしましょう。
ひじの近くの盛り上がっているところを、缶を使って転がしてみてください。
あつかいやすいのはスチール缶ですが、同じくらいの固さのもの(湯のみ茶わんなど)なら、なんでもOKです。

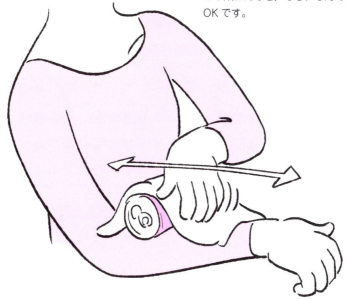

スキマ・かんたんケア

15

イライラしたときに
ほっとする温かさ

温めているのは、頭についている筋肉、それから耳。意外かもしれませんが、頭の表面にも筋肉が走っています。

頭と耳は、普段から外気にさらされています。脳のためには、基本的に頭は冷やしていたほうがよいのですが、その外側にある筋肉だけを温めるメソッドです。

レンジで温めたタオルを頭からかぶると、フワッとした心地よさが駆け抜けます。寒い日にやると、もうとろけそうな気分になります。

温かさが続くのは、ほんの10秒程度。==忙しいときにも気兼ねなくできます==。

不思議と非常に気分が落ち着くので、==イライラしたときや感情的になったとき==に試してほしいセルフケアです。

頭 首 肩 背 腰 腕 足

第2部 スキマ・かんたんケア

フェイスタオルを折りたたんで、レンジで1分程度温めます。
温めすぎると発火の恐れがあるので、レンジから目を離さないように。
焦げたような変なにおいがしたら、すぐにレンジからとりだしてください。

コラム

重たくなっていく子ども。親が耐えられるのは？

子どもは成長して体重もどんどん増えていきます。すると、抱っこをする側の負担もどんどん増えていってしまいますね。

あまりに重たくなった子どもを抱っこをするのはムリ。しかし、抱っこをしないのもなんだか冷たいような気がしてしまう……。いったい、いつまで抱っこをすればいいのか。

厚生労働省の「職場における腰痛予防対策指針」を見てみましょう。育児ではなく、仕事で重たい物を取り扱うときの目安ですが、参考にはなるのではないでしょうか。

ここでは、人力で取り扱うものの重さは、男性の場合は体重の40％以下、女性の場合は体重の24％以下にするのが望ましいとされています。

この式に当てはめると、体重50kgの女性の場合は12kg。思ったよりも少ないです。2歳くらいになるとこのくらいの体重になっていますよね。

男性ならまだ余裕があります。体重が50kgの男性の場合は20kg。5歳くらいまでならいけそうです。このくらいの歳だったら、抱っこをせがまれることも、あまりないのではないでしょうか。

こうして数値で見てみると、抱っこを長く続けるには「お母さんよりもお父さんがする」ことが重要なのかもしれません。

第3部

時間があるときのケア

時間があるときのケア

01

顔のマッサージ
目がパッチリ、気分がシャキッ

笑ってみたり、怒ってみたり。子どもを前にすると、みんな表情をクルクルと変えながらコミュニケーションしています。大人どうしでこんなに表情を変えながら話すことって、まずありませんよね。

顔の表情を変えるのも筋肉の仕事です。子どもとしゃべったあとにおそってくる謎のモヤッとした疲労感……その理由は、表情を変えすぎて顔の筋肉が疲れてしまったためかもしれません。

このマッサージでは目の少し上をおしています。ここをおすと、まぶたが軽くなり、目がパッチリと開きやすくなります。目が開くと、**気分がシャキッ**としてきますよ。

また、まぶたが開きやすくなると、そのぶん「目が大きくなった」ように感じられます。**美容効果も期待**できて一石二鳥（？）のマッサージです。

頭 首 肩 背 腰 腕 足

頭でおす かんじ

ひじをテーブルやお風呂のへりなどにつけます。
人差し指、中指、薬指を立てます。
まゆ毛の少し下のツボを指で触り、頭を指のほうにおしつけます。

ひじから先は固定

第3部 時間があるときのケア

目はぜったいおしちゃダメ!!

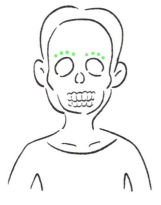

おしたいところは、まゆ毛の少し下にある「目が入っている穴」の少し上です。眼球に圧力がかからないようにしましょう。

時間があるときのケア
02

お腹のマッサージ
ストレスで元気がないときに

子育てしていた人に「子育てで疲れる体の場所ってどこ?」と聞いてみたら「精神的な疲労が強すぎて、体の疲労のことをあんまり覚えていないんだよね」とのこと。おお、大変だったんですね……。

精神的な疲労の原因はいろいろありそうです。でもそのことについて考える前に、まずは<mark>セルフマッサージでちょっと気持ちをやわらげてみませんか</mark>。

おす場所は「胃」です。ストレスを受けるとキュッと縮こまって、シクシク痛んだり、オエッともたれたりする。そんなことってありますよね。

マッサージするイメージはないかもしれませんが、とても気持ちの良い場所です。数回おすだけでもスッキリしますし、ゆったり5分くらいかけてマッサージすると<mark>体の内側から元気がわいてきます</mark>。

頭 首 肩 背 腰 腕 足

あおむけになり、中指と薬指を立てて「胃」をゆっくりとおします。

第3部 時間があるときのケア

胃の位置は、おへその少し上。だいたい指の幅3〜4本分くらいの場所です。
胃は筋肉でできているので、おすと特有の弾力が感じられるでしょう。

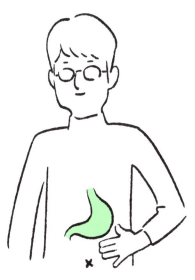

時間があるときのケア

03

お腹を温める
家にあるものですぐできる

ストレスでキューッと縮こまってしまった胃を、じんわりと温めるセルフケアです。ドラッグストアに行くとレンジで温める専用の商品がありますが、このように**タオルとポリ袋でも十分**に使えます。ただ、水蒸気がかなり熱くなるため、取り扱いにはくれぐれも注意してください。

温めるケアなので、オススメしたいのは冬場。しかし、あえて夏に行うのも、気持ちがいいです。夏になると冷たい飲み物や食べ物をたくさんとってしまいますよね。それ自体は悪いことではないのですが、どうしてもお腹の調子は悪くなってしまいます。

5分ほどお腹にあてて休んでいると、**じんわりと元気がわいてきます**。これを行ったあとに前ページのお腹のマッサージに移行するのもオススメです。

頭 首 肩 背 腰 腕 足

第3部 時間があるときのケア

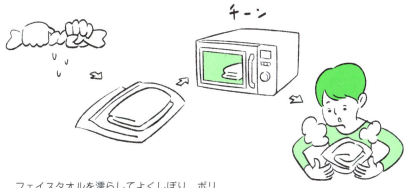

フェイスタオルを濡らしてよくしぼり、ポリ袋に入れ、1分ほどレンジで温めます。
水蒸気がかなり熱くなっているので、取り出すときは注意してください。

あおむけになって、おへその少し上に当てます。
ゆっくり休みましょう。

時間があるときのケア

04

目と耳を同時に温める
かんたんリラクゼーション

出産直後には目が疲れたり、視力が低下してしまったりする方が多いです。産院によっては「なるべくスマートフォンは使わないように」と指導するところもあります。でも、なかなかむずかしいですよね。

==目をじんわりと温めると、疲労はだいぶラク==になります。ドラッグストアには目を温める専用の道具がありますが、これもタオルで十分。前ページのお腹を温めるケアにも使えるので、こちらのほうがオススメです。

温かいタオルを準備する過程で、手のひらも温まっています。その手でそっと耳全体を包み込んでみてください。

ふだん、耳は出っ張った状態で外気にさらされています。つまりいつも冷えているのです。==目と耳を同時に温めると、ヨダレが出てくるほど気持ちがいい==です。

頭 首 肩 背 腰 腕 足

ハンカチなどの上に 94 ページで温めたタオルを置いて、目に当てます。

第3部 時間があるときのケア

この作業をすると「手」も温まるので、温まった手で耳を包みこむように触ります。
目を温めるのと同時にすると、気持ちがいいです。

時間があるときのケア
05

肩のマッサージ
家でもできるプロ並み指圧

肩こりが進んでくると、自分で解消するのがむずかしくなってきます。かといって人にマッサージしてもらうのは申し訳ない……なんて思わないで、人に頼ってしまいましょう。

マッサージされる側は座り、マッサージする側は立つ。こうすることにより、高低差を利用することができます。マッサージする側は、軽くよりかかるだけ。**力をほとんど使わずに、マッサージをすることができる**のです。

コツはマッサージする側がひじを張ること。また、親指は軽く支えるだけにして、力を入れすぎないようにしましょう。これだけでプロ並みの指圧です。

おす場所も解説してありますが、これは目安です。骨で固くないところなら**どこをおしても大丈夫**。2人で気持ちいいところを探しあってみてください。

頭 首 肩 背 腰 腕 足

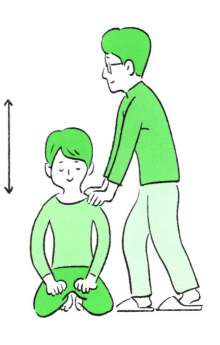

この高低差で少し体重をかけると力がなくてもかんたんにおせる

マッサージされる側は床に座ります。座り方は、正座でも長座でもあぐらでも、なんでも自由です。
マッサージする側は真横に立って足を前後に広げます。親指を立てて肩に当て、軽く体重をかけていきます。

肩の端っこは骨です。その少し内側は柔らかく凹んでいます。そこをおしましょう。いちばん凹んでいるところが気持ちいいのですが、その周辺でも効果あります。

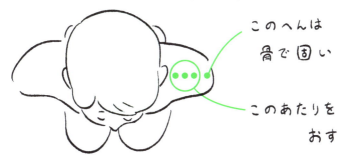

このへんは骨で固い

このあたりをおす

時間があるときのケア

06

頭のマッサージ
やさしくグリグリ

マッサージするのは「側頭筋（そくとうきん）」という、物をかむときに働く筋肉です。ここを触ったまま口を大きく開けたり閉めたりしていると、ピクピクと動くのが感じられると思います。

頭が痛いときや、ストレスがたまっているときにオススメです。とくにストレスで歯ぎしりをしてしまう人はぜひ試してみてください。

アニメ「サザエさん」では、カツオが悪さをすると、サザエさんがゲンコツでカツオの頭をグリグリしますよね。この場所はそのときにグリグリしているところです。強くすると、ものすごく痛い。

そんな場所なので、マッサージをする側はやさしく触れるように、**そっとマッサージ**をしてください。うまくいくと、頭全体が軽くなるような爽快感があります。

頭 首 肩 背 腰 腕 足

第3部 時間があるときのケア

マッサージされる側は座ります。
マッサージする側は、その後ろに立ちます。
中指と薬指を当てて、ゆっくりと、500円玉くらいの円を描きましょう。

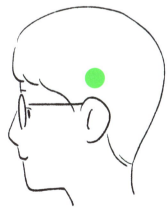

耳の真上、筋肉が少しふくらんでいるところをマッサージしましょう。
やさしく、ね。

時間があるときのケア
07

前腕のマッサージ
真っ先にやってもらうならここ

腕のひじから先の部分（前腕）には、手や指を動かす筋肉があります。抱っこやおんぶなど、手に力を入れ続けて固定しなくてはいけない場面は多いですよね。

ストレッチもすでに紹介していますが、じつはなかなか伸ばしにくい場所です。なので、**パートナーにマッサージをお願いするとしたら、ここを優先的にやってもらうのがオススメ**です。

マッサージされる側はあおむけになって、腕から肩の力を抜いてダランとさせてください。マッサージする側は**親指と4本の指を使って挟みこむようにおす**のがポイントです。ゆっくりと圧をかけていきましょう。

イラストにおす場所の指定もありますが、参考程度でかまいません。どこをおしてもきっと気持ちいいはずです。

頭 首 肩 背 腰 腕 足

マッサージされる側はあおむけになり、マッサージする側はそのすぐそばに座って、腕を軽く持ち上げます。
両手で前腕を包み込むように持って、親指でおしていきます。

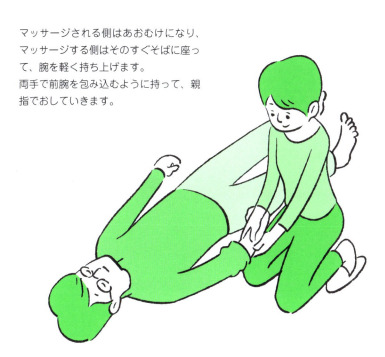

おすところは腕の外側。
親指を上にしたときに、腕の骨の上側になるエリア。

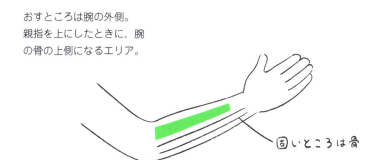

固いところは骨

時間があるときのケア
08

腰のマッサージ
筋肉をゆるませて効果アップ

腰のマッサージは、マッサージしてもらう側の姿勢にコツがあります。**横向きに寝て、上になっている足を大きく折り曲げる**。これだけで折り曲げているほうの腰の筋肉がリラックスしてゆるんでくるのです。

このまま何もしないで休んでいても、腰痛に効果があるくらいです。この姿勢でゆるんだ筋肉に対してマッサージをすると、さらに効果が高くなります。

腰の筋肉の固さは、人によってかなり変わってきます。グニャグニャなくらい柔らかい人もいますし、まるで木のように固くなっている人もいるくらいです。

マッサージをする側は、**自分が無理をしない程度の強さでマッサージ**をしていきましょう。強くしすぎなくても、十分に効果はありますよ。

第3部 時間があるときのケア

マッサージされる側は横向きに寝て、上のほうにある足を大きく折り曲げます。
マッサージする側は正座になります。
両手の親指を腰に当てて、軽く体重をかけます。

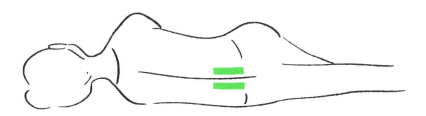

おすところは、背骨の脇にある、筋肉が縦にちょっと盛り上がっているところです。

時間があるときのケア

09

鼠径部(そけいぶ)のマッサージ
足にも腰にも

マッサージしているのは「腸腰筋(ちょうようきん)」という筋肉です。太ももを引き上げたり、腰を固定したりするのに使われています。

子どもを抱っこして階段などを上がるときなど、**なかなか足が上がらない**ことはありませんか？ そんなときは、この筋肉が固くなって本来の力を発揮できていないのかもしれません。

また、**足の付け根が痛い**ときにもオススメです。意外なところでは、腰痛がなかなかよくならないときにも効果があります。腰のマッサージやストレッチとあわせて行ってみてください。

マッサージする側はゆっくりと体重をかけていきましょう。あまり力を入れなくても十分に刺激が伝わります。

頭 首 肩 背 腰 腕 足

マッサージされる側はあおむけになります。
マッサージする側は正座になってからお尻を上げます。
手を当てて軽く体重をかけます。

第3部 時間があるときのケア

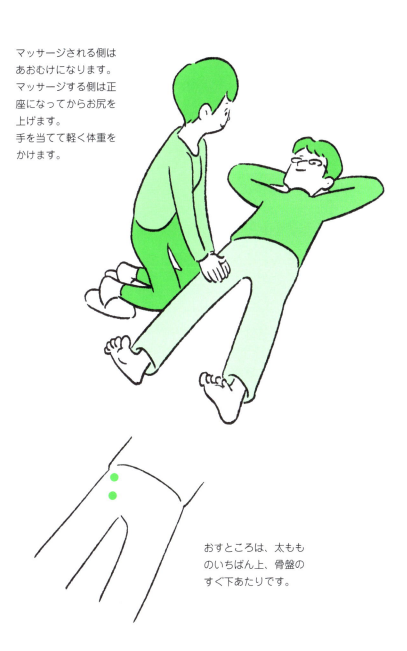

おすところは、太もものいちばん上、骨盤のすぐ下あたりです。

時間があるときのケア

10

足のマッサージ
カチカチのスネほぐし

子育てしていると、単純に普段の生活よりも「歩く」「立つ」ことが多くなると思います。そんなときに疲れてしまうのが**足のスネ**です。

ここが固くなると、出掛けるのがおっくうになってしまいます。「出歩くのがイヤだな」なんて気持ちは、出不精ではなくて、スネの疲労のサインかもしれません。

また、スネが固くなるとつま先が上がりにくくなって、地面に足先を引っかけやすくなります。何度も足先を引っかけているようなら、ぜひ試してみてください。

とくにスネの外側はカチカチになっていることが多いです。力を入れれば入れるほど効いている感じがするので、マッサージする側はついついがんばってしまいがち。でも**無理はしすぎないように**しましょう。軽めのマッサージでも十分に効果はありますよ。

第3部 時間があるときのケア

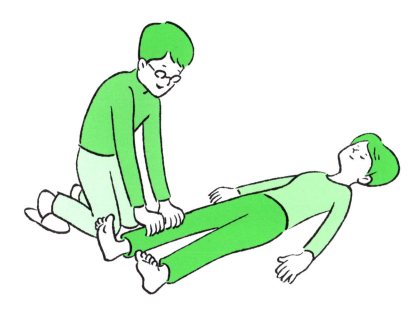

マッサージされる側はあおむけになります。
マッサージする側は、スネのあたりで正座になって、お尻を上げます。

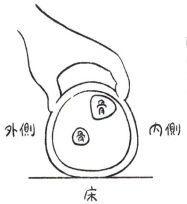

両方の手を「わしづかみ」するような形にしてみましょう。
スネの上のほうにある骨をまたぐようにつかみます。

コラム

マッサージの正しいやりかたは？

この章ではマッサージのやりかたを解説しました。しかし、いきなり「マッサージをする」なんて言われても、とまどってしまう方は多いかもしれませんね。やりかたをご説明します。

①親指でおす場合（P98、P102、P104、P108）
おすときに使う場所は「指紋があるところ全体」です。指の先は使わないようにしましょう。するどいので、マッサージをする指も、受ける側も痛く感じてしまいます。おす場所をさわったら、ゆっくりと、体の中心にまっすぐに圧を加えてください。グルグルとこねまわすと、うまくいきません。

②親指以外の指でおす場合（P90、P92、P100）
人差し指や薬指など、親指以外の指を使うときは「指紋がある場所の上半分」を使いましょう。力が入りやすくなります。

③手のひらでおす場合（P106）
「親指の付け根の丸くふくらんでいるところ」を使うとおしやすいです。ここを「母指球(ぼしきゅう)」といいます。指でおすときと同じように、ゆっくりと、体の中心にまっすぐに圧を加えてください。もっとも、あまり深く考えなくても、自分でおしやすければそれでOKです。参考にしてみてください。

どの場合も、「痛くないですか？」と聞きながらやることがとても大切です。ケガや事故を防ぐだけではなく、施術者が相手を思いやっているサインにもなります。こういったコミュニケーションもマッサージの一部といえるでしょう。

おわりに

「待機児童問題」「産休の取得」「出産・育児によるキャリアの中断」「育児ノイローゼ」……現在、子育てをしている親御さんたちをとりまくさまざまな問題が、ニュースでも盛んに話題になっていますよね。

でも、いろいろなことが議論されているのに、「子育ては肉体的に疲れる」という、みんなが感じていることが、置いてけぼりにされているように思えます。

「子育ては、疲れるのが当たり前」と思ってはいませんでしょうか。生き物である以上、完全に疲労をなくすことはできませんが、ちょっとした工夫で大きく変わることもあります。

この本をつくるにあたって、たくさんの子育てをしている方たちに取材をさせてもらいました。

この本のコンセプトを説明すると、みなさん「それは必要な本だ」と二つ返事で協力してくれたのです。きっとみなさんは「子育ての疲労って、じつは、もっとなんとかできるんじゃないのか?」と、心の奥底でずっと思っていたのかもしれません。

取材に協力してくれた、お子さんを持つお父さんお母さんたち。ステキなイラストを描いてくれたクリハラタカシさん。この本ができるまでずっと伴走してくれた青月社の小松さん。そして、かつて子どもだった自分を育ててくれた両親。いつも側で支えてくれる妻。とても感謝しています。

そしてこの本を手に取ってくれたみなさん、本当にありがとうございました。

斎藤充博

● 著者プロフィール

斎藤 充博 (さいとう・みつひろ)

指圧師。JR田端駅からほど近くにある「ふしぎ指圧」にて施術を行っている。ミッションは「すべての人によりよく動ける楽しさを」。痛みや不快感の改善にとどまらず、日常生活での体の動きの改善指導も行っている。

監修を担当した書籍に『伸ばすだけで効く！ツボストレッチ』（日本文芸社）がある。

インターネットでの執筆活動も精力的に行っており、「デイリーポータルZ」「みんなのごはん」「ねとらぼアンサー」「価格ドットコムマガジン」「レッツエンジョイ東京」などでの連載多数。

ふしぎ指圧：http://fushigishiatsu.com
Twitter：@3216

子育てでカラダが限界なんですがどうすればいいですか？
育児の疲れスッキリBOOK

発行日	2018年6月9日　第1刷
定　価	本体1200円＋税
著　者	斎藤充博
発　行	株式会社 青月社
	〒101-0032
	東京都千代田区岩本町3-2-1 共同ビル8F
	TEL 03-6679-3496　FAX 03-5833-8664
印刷・製本	ベクトル印刷株式会社

Ⓒ Mitsuhiro Saito 2018 Printed in Japan
ISBN 978-4-8109-1319-4

本書の一部、あるいは全部を無断で複製複写することは、著作権法上の例外を除き禁じられています。落丁・乱丁がございましたらお手数ですが小社までお送りください。送料小社負担でお取替えいたします。